MARIA ESTHER MACIEL

ZOO-POÉTICAS CONTEM-PORÂNEAS

CADERNOS
ULTRAMARES

ORGANIZAÇÃO E PROJETO GRÁFICO

Marcos Lacerda, Ana Paula Simonaci e Sergio Cohn

CONSELHO EDITORIAL

André Botelho

Bernardo Esteves

Boaventura de Souza Santos

Evelyn Goyannes Dill Orrico

Fréderic Vanderberghe

José Luis Garcia

Maria João Cantinho

Renato Rezende

Teresa Arijón

Vagner Amaro

ISBN 9786586962765

azougue press |
coordenação geral Sergio Cohn
coordenação editorial
Sergio Cohn — Darien Lamen — Cristián Jiménez Plaza
Brasil | CNPJ 12.272.339/0001-26
Portugal | Oca Editorial NF 515805394
USA | E. Id. 803650511
Chile | Tucán Ediciones RUT 77.369.106-1

A proposta dos Cadernos Ultramares é transpor fronteiras. Não apenas geográficas, com a edição de um amplo panorama do pensamento brasileiro para o público português, mas também entre as áreas do saber, criando uma coleção transdisciplinar, acessível não apenas para leitores especializado, pesquisadores e acadêmicos, como para interessados em geral.

Para isto, os Cadernos Ultramares privilegiam a leveza do ensaio, a "brigada ligeira", utilizando-se de um gênero marcado pela abertura e experimentação, uma forma privilegiada para a proposição e a apresentação de interpretações da cultura e da sociedade. Nos últimos anos, o gênero ensaio tem sido revalorizado como um importante meio de diálogo entre a pesquisa acadêmica e a sociedade.

O Brasil possui uma produção riquíssima de pensamento em diversas áreas, que vão da física à antropologia, da matemática às artes. Os Cadernos Ultramares, ao trazerem importantes textos de alguns dos nossos mais renomados pensadores, sejam clássicos ou contemporâneos, busca possibilitar ao leitor um olhar amplo e qualificado sobre essa produção.

Interessa-nos a constituição de um diálogo entre áreas, de uma conversa aberta que escape das armadilhas do pensamento especializado e do produtivismo acadêmico. Interessa, antes de tudo, a valorização do encontro do leitor com o sabor do texto, do prazer da leitura e da troca livre de pensamento.

apresentação

POR sergio cohn

Maria Esther Maciel reúne em sua trajetória importantes contribuições em diferentes áreas em torno da literatura, desde a criação e pesquisa até a docência e edição.

Nascida em Patos de Minas, em 1963, lançou o seu primeiro livro de poesia em 1985. Em paralelo, publicou importantes ensaios sobre as obras de autores como Jorge Luiz Borges, Sor Juana de La Cruz, Stéphane Mallarmé, Maria Gabriela Llansol e Octavio Paz. Atualmente, tem desenvolvido, de forma original, uma pesquisa sobre Litertura e Animalidade.

O interesse pelo tema passa pela investigação dos limites e das metamorfoses da linguagem, questão fundamental para a literatura contemporânea e que tem sido trabalhada de forma contínua nos últimos anos por Maciel. Segundo a autora,

> No que se refere especialmente à esfera poética como espaço privilegiado para a apreensão da chamada animalidade, vale lembrar as considerações de Georges Bataille sobre

a questão, no livro *Teoria da religião*. Nele, o autor sugere que, se a poesia nos nos leva ao sabido, ela pode nos levar também, pela via da mentira (ou falácia) poética, ao mundo incógnito da animalidade. Mas a mentira, nesse caso, concebida não como uma mera afirmação contrária ao que se chama de verdade para induzir ao erro, mas como uma espécie de conhecimento, um saber alternativo (e plausível) sobre o que escapa à representação, à apropriação figurativa. Isso porque, se a poesia propicia uma inscrição possível da animalidade no corpo da escrita, ela também viabiliza um encontro, ainda que fictício, entre o humano e sua outridade animal.

E completa, lembrando a proposição de Derrida: "pois o pensamento do animal, se pensamento houver, cabe à poesia, eis aí uma tese, e é disso que a filosofia, por essência, teve de se privar. É a diferença entre um saber filosófico e um pensamento poético".

O interesse pela zooliteratura se desdobra do interesse sobre os sistemas de classificação. Em uma pesquisa que se aprofunda nos livros *A memória das coisas* e As *ironias da ordem*, Maciel trabalha com a criação de listas e inventários para lidar com a ideia do inclassificável: "Podemos argumentar que, se existe o inclassificável, é porque os sistemas de classificação disponíveis e legitimados são insuficientes e não dão conta de acomodar a complexa diversidade e multiplicidade do mundo". Ao reverter positivamente a definição de inclassificável ("o que não pode ser inserido dentro de uma classe ou categoria, que está em desordem, em confusão"), Maciel trabalha com uma possibilidade de trato com a literatura que se aproxima da releitura de Roland Barthes da palavra grega *atopos*: o que não se confina a um só lugar ou definição, sendo estranho, extraordinário, insólito e original.

É desta reflexão que vai se desdobrar o questionamento de Maciel sobre a animalidade na literatura:

Cheguei a esse tema graças a uma investigação que desenvolvi, durante alguns anos, sobre os usos crítico-criativos dos sistemas de classificação do mundo e do conhecimento, feitos por escritores e artistas contemporâneos de diferentes nacionalidades. Ao deter-me nas enciclopédias dos séculos passados para sondar as taxonomias insólitas de Jorge Luis Borges e do cineasta Peter Greenaway, entrei no mundo fascinante dos compêndios de história natural e dos bestiários medievais.

Quando li *A história dos animais*, de Aristóteles, as passagens zoológicas da *História natural* de Plinio, o Velho, as *Etimologias*, de Santo Isidoro de Sevilha — obras de referência para o *Manual de zoologia fantástica*, de Borges — passei a interessar-me também por outros bestiários modernos e contemporâneos, os quais, por sua vez, conduziram-me à questão do animal e da animalidade. Foi a partir de 2008 que comecei minhas incursões nessa área, sob uma perspectiva mais ampla e transdiciplinar, não mais circunscrita às coleções de animais, próprias dos bestiários. Assim, passei a empreender uma reflexão sobre as inscrições da animalidade em obras narrativas e poéticas de diferentes contextos, à luz da filosofia, da antropologia, da biologia e dos estudos culturais.

Como ela mesmo ressalta, é uma pesquisa que vem de inquietações da sua experiência pessoal:

Minha intrínseca relação com a natureza e os outros seres vivos vem da infância e passa, sobretudo, pela ordem dos afetos. Foi essa afinidade com o mundo vivo que me levou, décadas depois, a pesquisar a questão dos animais e da natureza, bem como as próprias noções de humano, humanismo e humanidade, a partir dos limites e liames que existem entre nós e as demais espécies. Quando criancinha, eu costumava dar nomes aos insetos, galinhas e pequenos animais que circulavam no grande quintal de minha casa. Um exercício que se intensificou durante minhas temporadas na área rural, quando passava horas com bichos de várias espécies, estabelecendo com eles vínculos de amizade e solidariedade. Às vezes eu ficava à beira do rio, observando os peixes e os girinos. E sempre convivi com muitos animais de estimação, como cães, gatos, coelhos, patos e até mesmo porcos (tive um amigo suíno muito afetuoso e inteligente, que andava o tempo todo atrás de mim). Meu pai teve um papel fundamental nisso, pois era um homem que amava os bichos e a natureza, que tinha uma grande compaixão por todas as formas de vida e um respeito quase sagrado pelo mundo natural.

A escrita ensaística de Maciel é marcada pela ampla erudição, sem nunca perder a capacidade de encatamento. Pensadora capaz de conjugar afeto e reflexão, Maciel traz para dentro do texto crítico o cuidado com a palavra, reunindo exatidão e fluidez.

Os três ensaios aqui reunidos são centrais na sua pesquisa sobre zooliteratura. "Zoopoéticas contemporâneas" foi publicado originalmente na revista *Remate de Males*, em 2007. "Poéticas do animal" foi incluso no livro *Pensar/escrever o animal*, organizado pela autora em 2011. E "Paisagens zooliterárias" foi publicado pela *Revista de Crítica Literária Latinoamericana* da Tufts University, de Boston, em 2014. Neles, a autora utiliza diversos autores, como Drummond, Clarice Lispector, João Alphonsus e Guimarães Rosa, para mapear as representações da animalidade na literatura, ampliando os horizontes da crítica.

Um trabalho fundamental, num momento em que se mostra a importância do outro, ou do além-humano, para um olhar capaz de abrigar as complexidades de um mundo em colapso ecológico e até para nosso próprio reconhecimento. Uma preocupação ética que perpassa a obra de Maciel:

> A grande ruptura entre humano e não humano ocorreu com Descartes, que legitimou a razão como condição da existência e associou o animal à máquina. Dessa cisão, cujas conse-

quências foram cruéis para os chamados "seres irracionais", foi construído um conceito de humano (e de humanismo) pautado, sobretudo, na exclusão da animalidade do homem. Como evidencia Derrida em seus textos sobre o tema, essa visão cartesiana incidiu enormemente na tradição filosófica do Ocidente e ainda se faz ver na filosofia contemporânea. Creio ser a compaixão importante para a revisão do lugar do animal na esfera do que chamamos vida. A empatia com o outro, os outros (sejam estes humanos ou não) que compartilham conosco a experiência do mundo, não deixa de ser também um exercício de responsabilidade. Mas a compaixão circunscrita ao mero sentimento natural de piedade não é suficiente.

Maciel sabe que a literatura tem papel fundamental nessa construção de um novo olhar sobre a vida, capaz de abranger a biodiversidade e a alteridade. E capaz, também, de expandir a nossa compreensão sobre a própria existência. Afinal, como nos lembra o poeta beat Michael McClure: "Quando o homem não se vê como um animal, ele é menos, e não mais que um animal".

ZOOPOÉTiCaS CONTeMPORâNeaS

Às vezes eletrizo-me ao ver bicho. Estou agora ouvindo o seu grito ancestral dentro de mim: parece que não sei quem é mais a criatura, se eu ou o bicho. E confundo-me toda.
(Clarice Lispector)

No poema "Um boi vê os homens", de *Claro enigma*, Carlos Drummond de Andrade confere voz a um "eu-bovino" que — no exercício de um pensamento fora de lugar, porque inscrito em linguagem que não é necessariamente a do animal — rumina seu próprio saber sobre a espécie humana. Em dicção sem ênfase, mas firme nas conjeturas, esse "eu" lamenta que os humanos, em seu "vazio interior que os torna tão pobres e carecidos/ de emitir sons absurdos e agônicos", "sons que se despedaçam e tombam no campo/ como pedras aflitas", não sejam capazes de ouvir "nem o canto do ar nem os segredos do feno.[1]

1 Andrade, Carlos Drummond de. *Poesia e prosa*. Rio de Janeiro: Nova Aguilar, 1979, p. 266.

"

Em outras palavras, o boi — movido por uma percepção que, supostamente, ultrapassa as divisas da razão legitimada pela sociedade dos homens — não apenas põe em xeque a capacidade destes de entender outros mundos que não o amparado por essa mesma razão, mas também revela uma visão própria das coisas que existem e compõem o que chamamos de vida.

Vê-se que a persona bovina de Drummond busca encarnar ou encenar uma subjetividade possível (ainda que inventada) de um ser que, nos confins de si mesmo, é sempre outro em relação ao que julgamos capturar pela força da imaginação. Isso se considerarmos que todo animal — tomado em sua singularidade, em seu *it*[2] — sempre escapa às tentativas humanas de apreendê-lo, visto que entre ele e os humanos predomina a ausência de uma linguagem comum, o que instaura uma distância mútua e uma radical diferença de um em relação ao outro. No entanto, tal distância/diferença não anula necessariamente aquilo que os aproxima e os coloca em relação de afinidade. Falar sobre um animal ou assumir sua persona não deixa

2 Clarice Lispector, em Água viva, fala do "it dos animais", tomando-o como "o mistério do impessoal", esse neutro" que resiste à subjetivação através da linguagem. Nas palavras da autora, "it é elemento puro. É material do instante do tempo" (Cf. Lispector, Clarice. *Água viva*. Rio de Janeiro: Nova Fronteira, 1980, pp. 30- 49).

de ser também gesto de espelhamento e identificação com ele. Em outras palavras, o exercício da animalidade que nos habita.

Sabe-se que o esforço de entrar no espaço mais intrínseco da vida animal nunca deixou de desafiar poetas e escritores de todos os tempos e tradições. Seja através da sondagem (por vezes erudita) de comportamento e traços constitutivos dos bichos de várias espécies, realidades e irrealidades, seja através da encenação de um vínculo afetivo com eles ou da tentativa de antropomorfizá-los e convertê-los em metáforas do humano, muitos foram e são os autores voltados para a prática do que se nomeia hoje de zooliteratura. Ao que se somam ainda aqueles escritores que, avessos à ideia de circunscrever os bichos aos limites da mera representação, buscaram flagrá-los também fora desses contornos, optando por uma espécie de compromisso ou aliança com eles. Nesse caso, cada animal — tomado em sua insubstituível singularidade — passa a ser visto como sujeito dotado de inteligência, sensibilidade, competências e saberes diferenciados sobre o mundo, como o boi de Drummond.

UM PERCURSO DIACRÔNICO

Um olhar sobre a história da literatura ocidental permite-nos dela extrair também uma história literária dos animais. De Esopo (620-560 a.C.), Aristóteles (384-322 a.C.) e Plínio, o Velho (23-79 d.C.), passando por Isidoro de Sevilha (560-636 d.C.) e os bestiários medievais, até os relatos de viajantes do século XVI e os inúmeros bestiários modernos e contemporâneos, de distintas nacionalidades e tradições, os animais nunca deixaram de se inscrever de maneira incisiva no imaginário poético e ficcional do Ocidente. Tomados ora como o estranho por excelência, ora como um "possível ilimitado", os animais tiveram, ao longo dos séculos e milênios, múltiplas representações e interpretações, convertendo-se em signos vivos daquilo que aos homens escapa e do que estes conquistam, ou seja, de sua limitação e seu domínio, simultaneamente.[3]

Se, na Antiguidade clássica, coube a Esopo, com suas fábulas moralizantes,[4] a tarefa de levar os ani-

---

3 Cf. Malaxecheverría, Ignacio (org.). *Bestiario medieval*. Madri: Ediciones Siruela, 2002, p. 14-15.
4 Surgida no Oriente, a fábula foi da Índia à China e à Pérsia, chegando à Grécia no século IV a.C., graças a Esopo, que reinventou o gênero. Definida por La Fontaine como uma "pequena narrativa que, sob o véu da ficção, guarda uma moralidade", e dotada, segun-

mais (convertidos em metáforas do humano) para o campo exclusivo da ficção, inaugurando uma vertente zooliterária que atravessará os séculos com seu tom sentencioso e proverbial, foi *A história dos animais*, de Aristóteles, o primeiro grande compêndio científico-literário sobre o reino zoológico, no qual animais são tratados como animais, a partir de uma abordagem minuciosa que conjuga pesquisa, esforço taxonômico e imaginação criadora. Aristóteles inaugura, assim, não apenas a tradição enciclopédica, de feição científica, a que se filiarão Plínio, o Velho, Santo Isidoro e Lineu, como também a dos catálogos descritivos de animais reais e fantásticos, conhecidos como bestiários, que proliferarão na Europa a partir da Idade Média. Nesse sentido, *A história dos animais* apresenta duplo caráter: taxonômico e ficcional.

Resultado de minuciosa investigação bibliográfica, conjugada a observações empíricas, informações recolhidas de outras pessoas, referências mitológicas, lendas e conjeturas do próprio autor, a enciclopédia aristotélica esquadrinha o mundo animal por vias

do Fedro, da dupla finalidade de divertir e aconselhar, ela atravessou os séculos com suas estórias protagonizadas por animais e seu tom sentencioso, tendendo ora ao proverbial, ora ao satírico. (Cf. Martín, Juan José. *Orígen de las fábulas*. Madrid: Laberinto Ediciones, 1978, p.19)

distintas, tangenciando, muitas vezes, o fantasioso, como se vê sobretudo no livro IX, em que o filósofo analisa comportamento e costumes dos bichos, virtudes e habilidades que possuem, bem como as relações que mantêm entre si. Ele trata, inclusive, das inimizades entre vários deles, como águia e serpente, lobo e asno, touro e zebra, salamandra e aranha, valendo-se de descrições bastante literárias e, por vezes, insólitas[5]. Para não mencionar a inclusão que faz do dragão e da manticora — seres fabulosos— no rol das bestas investigadas no compêndio.

Tal mistura de ciência, erudição e imaginação é também marca explícita da *História natural*, de Plínio; das *Etimologias*, de Santo Isidoro (obra que inclui a análise etimológica dos nomes de animais por vias eruditas e não menos inventivas); e do famoso *Physiologus*. Este, de autoria incerta, teria sido escrito no século II, em Alexandria, e se transformado em modelo por excelência dos bestiários medievais porque representa todos os saberes acumulados pelos naturalistas do mundo antigo a partir da reconstituição alegórica do mundo natural em termos cristãos.[6]

5 Aristóteles. *Historia de los animales*. Trad. José Vara Donado. Madri: Ediciones AKAL, 1990, p. 77-83.
6 Segundo Nilda Guglielmi, organizadora da edição espanhola El fisiólogo, a obra foi um "punto de arranque de una larga cadena de

Já o bestiário enquanto gênero afirma-se nos séculos XII e XIII, desdobrando-se em modalidades diversas, que vão do texto moralizante ao erótico, do religioso ao satírico. Nesse sentido, sua abrangência ultrapassa os limites da definição tradicional do gênero, ou seja, a de que o bestiário é um livro ilustrado, pseudocientífico e de caráter edificante, composto por descrições de animais reais ou fantásticos. Como afirma Virginia Naughton:

> O bestiário constitui um dos tópicos alegóricos fundamentais da Idade Média, e a partir de sua leitura é possível reconstruir as relações que o homem medieval mantinha com a natureza, e ao mesmo tempo nos permite localizar sua posição no esquema geral das coisas criadas. Junto a esta zoologia simbólica, deve ser colocada também aquela medicina imaginária, cuja base de sua credibilidade e ampla aceitação surgia, assim como nos bestiários, da combinação de algumas observações empíricas com propósitos morais e re-

obras análogas", tendo sido o livro mais difundido depois da Bíblia até o século XIII e perdurando até o Renascimento. Cf. Guglielmi, Nilda. *El fisiólogo: bestiário medieval.* Madri: Eneida, 2002, p. 26.

ligiosos, totalmente dentro de uma profusa e abundante "imageria".[7]

Se o gênero bestiário constitui, dessa forma, vastíssimo campo de imagens e simbologias na era medieval, sua presença nos séculos subsequentes não foi menos variada e ostensiva. Seria praticamente impossível fazer aqui um inventário dos inúmeros textos teratológicos do período renascentista e dos compêndios zoológicos dos séculos XV, XVI e XVII. Seria suficiente, como exemplo, mencionar relatos de viajantes europeus sobre a fauna do chamado Novo Mundo, verdadeiros catálogos de híbridos e seres prodigiosos. Todos eles são atravessados pela experiência de assombro do colonizador diante da diferença, da alteridade radical representada pelos animais exóticos que, naquele momento, desafiavam o ainda precário sistema taxonômico existente e, portanto, se inscreviam nas ordens do excêntrico e do extraordinário. Como explica Michel Foucault, os conhecimentos do período eram constituídos por um amálgama instável entre "saber racional, noções derivadas de práticas de magia e de toda uma herança cultural, cujos poderes

7 Naughton, Virginia. *Bestiario medieval*. Buenos Aires: Quadrata, 2005, p. 18.

de autoridade a redescoberta de textos antigos havia multiplicado".[8] Daí a insuficiência do pensamento científico do tempo: se, por um lado, nele já se configurava a soberana racionalidade na qual o mundo moderno ocidental passou a se reconhecer a partir do século XVIII, por outro, tal racionalidade não abdicava do gosto pelo maravilhoso e do respeito pelo saber antigo. Assim, pode-se dizer que os cronistas europeus do século XVI encontravam subsídios fantásticos e princípios de organização para suas descrições da natureza tropical nos próprios clássicos da zoologia ocidental, acrescidos de toda uma carga supersticiosa que os textos medievais legaram para o imaginário renascentista.

No século XVIII, outra relação de ciência e literatura com a esfera zoológica se instaurou. Esvaziados de seus enigmas e sortilégios, os animais passaram a ser esquadrinhados a partir de critérios científicos bem definidos, sob os imperativos de uma taxonomia rigorosa, como a de Lineu, que já não mais acolhia os excessos fantasiosos e supersticiosos da tradição enciclopédica anterior. Impõe-se, dessa maneira, uma visão objetiva e naturalista do reino animal, a qual

8 Foucault, Michel. *As palavras e as coisas*. São Paulo: Martins Fontes, 1987, p. 48.

contaminará, inevitavelmente, a produção simbólica em torno da natureza e, mais especificamente, dos entes inumanos. Isso não significa, entretanto, que o apreço pelo fantástico tenha se extinguido definitivamente no âmbito da zooliteratura. Se, como afirma Borges em seu *Manual de zoología fantástica*, de 1957, existem dois tipos de "zoologias", a dos sonhos e a da realidade[9], pode-se dizer que a literatura moderna se coloca como o espaço ficcional por excelência para a prática de ambas, separadamente ou mescladas. De bestiários fantásticos, como os de Borges e outros muitos escritores de língua espanhola, às inúmeras coleções de textos de várias nacionalidades sobre animais existentes, a zooliteratura ocidental dos dois últimos séculos se apresenta sob novas configurações.

Sobretudo com relação às zoopoéticas do século XX, pode-se afirmar que, longe de serem meras restaurações eruditas do gênero, elas se colocam também como espaços de reflexão crítica sobre aspectos literários, culturais e políticos dos modelos anteriores. Além disso, muitos desses novos bestiários não deixam de problematizar, de forma contundente, este nosso tempo em que as espécies entraram em estado

9 Borges, Jorge Luis;Guerrero, *Margarita. Manual de zoología fantástica*. México: Fondo de Cultura Económica,1998, p. 7-9.

de irremediável extinção e reflexões de ordem ética sobre as práticas de assujeitamento e crueldade contra animais tornam-se cada vez mais vivas e prementes.

ANIMALÁRIOS CONTEMPORÂNEOS: EXERCÍCIOS DE "OUTRIDADE"

Se, no que tange à "zoologia dos sonhos", os textos atuais ainda mantêm a dimensão alegórica dos bestiários tradicionais, ainda que os esvaziando da função moralista e da fixidez descritiva dos modelos antigos (vide o *Manual de zoología fantástica* de Borges), os bestiários "realistas", por sua vez, compõem-se de registros mais particulares e observações mais afetivas do escritor, entrando, muitas vezes, nos domínios do poético. O que não exclui desses escritos, obviamente, possíveis referências eruditas. Em sua maioria, eles são tentativas de compreensão da "outridade" que os animais representam para a razão humana, buscando destes extrair um saber sobre o mundo e a humanidade.

Sob esse prisma, alguns autores adeptos dessa vertente zoológica enfocam o mundo zoo com uma cumplicidade explícita, feita de respeito e nenhum moralismo, como se pode ver na obra do poeta inglês Ted Hughes, composta de uma enorme quantidade de poemas voltados para o tema,[10] e na de Guimarães Rosa, como se pode ver nas séries "Zoo" e "Aquário" da miscelânea *Ave palavra*. Outros escritores — com propósitos memorialistas — já convertem os animais em imagens de uma infância perdida, como é o caso de Murilo Mendes, que faz na "Seção microzoo", de *Poliedro*, um inventário de seus bichos, aqueles que compõem sua enciclopédia particular, seus arquivos de vida. Há também poetas que se empenham em salvá-los do extermínio, convertendo o texto em uma espécie de "arca de Noé" contemporânea, tal como se dá na zoopoética de Roubaud em *Les animaux de tout le monde*— um bestiário no qual se encontra o que Deleuze chamaria de "verdadeiros mapas de afetos, os afetos dos quais um bicho é capaz".

Dentro do repertório brasileiro, destaca-se ainda, em contexto bem mais contemporâneo, o escritor paranaense Wilson Bueno, que, além de recriar os antigos bestiários a partir de um enfoque cultural notadamente latino-americano, busca trazer para seus escritos, à feição de Clarice Lispector, "o *it* dos animais".

10 Tais poemas se disseminam em diferentes livros, dentre os quais destacam-se: *The hawk in the rain* (1957), *Lupercal* (1960), *Wodwo* (1967), *Four crow poems* (1970), *Crow: from de life and songs of the crow* (1970), *Crow wakes* (1971), *Cave birds* (1978), *Adam and sacred nine* (1979), *Moortown diary* (1979), *A primer of birds* (1981), *River* (1983), *What is the truth?* (1984), e *Wolfwatching* (1989).

Isso por ele ser, também, escritor consciente de que, mais do que comparar os "mundos humanos" aos "mundos animais", cabe à literatura explorar a intensa complexidade de cada um deles. Principalmente em seus livros *Jardim zoológico* (1999) e *Manual de zoofilia* (1997), Bueno explora a passagem das fronteiras entre o humano e o inumano, em processo de identificação do sujeito poético com o que Derrida chama de "esse completamente outro" que é o animal.

No que se refere a tais fronteiras, não há como não aproveitar as instigantes reflexões que esse filósofo desenvolveu em *O animal que logo sou*. Nesse livro, ao confrontar a assertiva de Heidegger (segundo a qual "o animal é pobre de mundo", pelo fato de ser privado de logos), Derrida realiza uma espécie de desconstrução do humanismo logocêntrico do Ocidente, questionando também toda uma linhagem de filósofos como Descartes, Kant, Levinas e Lacan que, como Heidegger, afirmaram que o animal é privado de linguagem. Derrida, inclusive, critica a própria palavra animal, no singular, usada por esses filósofos, como se "todos os viventes não-humanos pudessem ser agrupados no sentido comum desse 'lugar comum'", como se não houvesse diferenças entre as inúmeras espécies zoológicas. Em suas palavras:

Neste conceito que serve para qualquer coisa, no vasto campo do animal, no singular genérico, no estrito fechamento deste artigo definido ("O animal" e não "animais") seriam encerrados, como em uma floresta virgem, um parque zoológico, um território de caça ou de pesca, um viveiro ou um abatedouro, um espaço de domesticação, todos os viventes que o homem não reconheceria como seus semelhantes, seus próximos ou seus irmãos. E isso apesar dos espaços infinitos que separam o lagarto do cão, o protozoário do golfinho, o tubarão do carneiro, o papagaio do chimpanzé, o camelo da águia, o esquilo do tigre ou o elefante do gato, as formigas do bicho-da-seda ou o ouriço da equidna.[11]

Os desdobramentos reflexivos dessa crítica à filosofia heideggeriana o levam a considerar duas grandes formas de tratado teórico ou filosófico do animal, duas "situações de saber" sobre ele: a que faz do animal um teorema, a partir de observação e análise, e a de quem leva em conta o olhar do animal, ou seja, o ponto de vista deste. Derrida parte de um dado parti-

11 Derrida, Jacques. *O animal que logo sou.* Trad. Fábio Landa. São Paulo: Editora Unesp, 2002, p. 64-65.

cular para trabalhar esses discursos: a experiência de ter-se surpreendido, nu e em silêncio, diante do olhar de uma gata — um animal em sua insubstituível singularidade. Segundo o filósofo, essa consciência de se ver observado por um "olhar animal" deu-lhe a ver "o limite abissal do humano", "os confins do homem", levando-o à passagem das fronteiras entre o humano e o inumano até chegar ao "animal em si, ao animal em mim e ao animal na falta de si-mesmo"[12]

Essa inserção na esfera exclusiva do inumano marcaria, assim, a diferença entre os textos de quem evita pensar o animal como um teorema e os das pessoas que o observam enquanto um todo genérico, mas que "jamais cruzaram o olhar de um animal pousado sobre elas", sendo, portanto, incapazes de admitir que o animal possa ter um mundo específico, não necessariamente mais pobre que o humano.[13]

Nesse sentido é que, para o filósofo, "o pensamento do animal, se pensamento houver, cabe à poesia". Com tal suposição (ou tese), reforça os equívocos dessa última categoria filosófica que, ao reduzir o animal

12 Ibidem, p. 15.
13 Ibidem, p. 32. Segundo Derrida, são pouquíssimos os filósofos que assim procederam, sendo um deles Montaigne, que dedica todo o capítulo XII de Ensaios II à reflexão sobre as relações entre homens e animais, criticando a presunção humana de se julgar capaz de conferir ou recusar aos animais algumas faculdades.

a uma coisa, "uma coisa vista mas que não vê", e negar-lhe a experiência do "aberto" (como fez Heidegger), revelaria as próprias limitações do entendimento meramente racional.[14] Pode-se apreender que o que tais filósofos julgam saber sobre a alteridade animal é, paradoxalmente, o que os afasta dessa mesma alteridade. Como diz John Berger: "O que sabemos sobre os animais é um índice de nosso poder, e assim é um índice que nos separa deles. Quando mais julgamos saber, mais distantes eles ficam".[15]

Talvez por isso é que o escritor sul-africano J.M. Coetzee, sob a pele da personagem Elisabeth Costello, tenha afirmado, no romance-ensaio *A vida dos animais*, que os escritores "ensinam mais do que sabem" Para tanto, ele toma como referência o poema de Ted Hughes sobre um jaguar enjaulado e em estado de raivoso desassossego diante dos visitantes de um jardim zoológico.[16] Segundo Coetzee, o jaguar é flagra-

14 Ibidem, p. 22.
15 Berger, John. *Por que olhar os animais? Sobre o olhar*. Trad. Lya Luft. Barcelona, Gustavo Gili, 2003, p. 22.
16 O poema "O jaguar" guarda, sem dúvida, simetria inversa com o poema "A pantera", de Rainer Maria Rilke. Ambos tratam de feras enjauladas num zoológico, mas enquanto a pantera faz da jaula sua realidade e seu limite, o jaguar ignora as barras da clausura, debatendo-se contra elas em estado de deslocamento. Pode-se dizer que, onde o movimento da fera rilkeana esmorece, o da fera hugheana começa. Para uma, "há apenas grades para olhar"; para a

do pelo olhar de um poeta perplexo, cujo "poder de compreensão é levado além do seu limite".[17] Daí que, em vez de um poema sobre o jaguar, que busca achar uma ideia no animal, Hughes nos ofereça um poema que nos pede para habitar aquele corpo que se move febrilmente entre as barras da jaula, alheio à realidade da clausura. Se o jaguar de Hughes se encontra alhures é porque, como aponta Coetzee, "sua consciência é mais cinética que abstrata: a força dos músculos o leva a um espaço de natureza muito diferente da caixa tridimensional de Newton". A sensação que temos ao chegar ao final do poema é precisamente o que o último verso diz: "*Over the cage floor the horizons come*".[18]

De fato, são muitos os poemas de Hughes que, pela força da cinestesia (entendida como "sentido da percepção de movimento, peso, resistência e posição dos corpos"[19]), exploram a subjetividade animal a partir

outra, "não há jaula", mas "vastidões de liberdade". Cf. Rilke apud CAMPOS, Augusto. *Coisas e anjos de Rilke*. São Paulo: Perspectiva, 2001, p. 56-57; e Hughes, Ted. *Collected poems*. London: Faber & Faber, 2003, p. 19-20.

17 Coetzee, J.M. *A vida dos animais*. Trad. José Rubens Siqueira. São Paulo: Cia. das Letras, 2002, p. 60.

18 Hughes compôs, dez anos depois, outro poema sobre o jaguar, intitulado "Second glance at a jaguar", no qual se concentra na descrição das partes do corpo do animal, flagrando em cada uma destas os movimentos que as animam.

19 *Dicionário Houaiss de Língua Portuguesa*. Rio de Janeiro: Objetiva, 2001, p. 720.

de um pacto com ela. O poeta a encarna por processo que não é propriamente de imitação e metáfora, mas que está na ordem da aliança e da comunicação transversal entre indivíduos inteiramente diferentes. Seria mais ou menos o que Clarice Lispector descreveu ao falar do quão terrível é segurar um passarinho na concha da mão meio fechada: "é como se tivesse os instantes trêmulos na mão". Como escrever esse tremor, fazê-lo vibrar na pele das palavras, senão deixando-se possuir pelo passarinho que estremece, metamorfoseando-se momentaneamente nele?

Nos poemas de Hughes, podemos ouvir os guinchos agudos e sentir as contorções de um rato capturado em uma ratoeira, como se o bicho tomasse posse de nosso corpo. Somos também assaltados por torpor e passos cambaleantes de um potro que acaba de nascer e, com os olhos ainda turvos diante do escuro, se pergunta: "Isso é o mundo?". Podemos ainda sentir nos músculos o peso insuportável de um porco "*too dead*", "morto demais" para nos inspirar pena; ou nos arrepiar com a viscosidade fria e lenta de um caramujo que escala uma flor.

Algo similar, mas distinto (uma vez que o cinético dá lugar ao sinestésico) se passa nos poemas em prosa de Wilson Bueno, reunidos no livro *Manual de zoofilia* (1997). Tomando, por vias transversas, a assertiva de Deleuze e Guattari de que "todo animal é antes um bando, uma matilha"[20] e ao mesmo tempo afirmando, paradoxalmente, a individualidade de cada bicho, Bueno descreve o estado de abandono de um lobo excluído de seu grupo:

> "Há o desamparo recurvo do lobo se o líder da alcateia o expulsa, além-matilha. É um animal quebrado sem o seu bando. Não se fie, contudo, em seus caninos. Moram neles, nos lobos, os acidentes da fome e os do pânico".[21]

O escritor parece colocar-se na "hora do mundo" desse lobo desgarrado e compor com ele uma imagem. Mesmo sem a força cinética dos bichos de Hughes, que — como vimos — se manifesta através de ondas de excitação e velocidades, o animal de Bueno concentra, em seu "desamparo curvo", uma energia em pânico, pronta para se revigorar a qualquer momento nos caninos da fera. Dessa forma, o autor não deixa de explorar poeticamente, como faz Hughes de maneira ostensiva, a inquietante complexidade da existência animal e dos saberes que a acompanham.

20 Deleuze, Gilles, Guattari, Félix. *Mil platôs; capitalismo e esquizofrenia*. Trad. Suely Rolnik. Rio de Janeiro: Ed. 34, 1995. v. 4, p. 20)
21 Bueno, Wilson. *Manual de zoofilia*. Ponta Grossa: UEPG, 1997, p. 35.

SABERES ANIMAIS

Montaigne já chamava a atenção para essa complexidade ao mostrar que os bichos, dotados de variadas faculdades, "fazem coisas que ultrapassam de muito aquilo de que somos capazes, coisas que não conseguimos imitar e que nossa imaginação não nos permite sequer conceber".[22] Interessante que tais considerações só muito recentemente encontraram amparo científico graças, sobretudo, às descobertas da etologia contemporânea. Dominique Lestel, em *As origens animais da cultura* (2002), aponta a extraordinária diversidade de comportamentos e competências dos bichos, que vão da habilidade estética até formas elaboradas de comunicação. No que se refere à habilidade das aves na construção de ninhos, por exemplo, o estudioso lembra que para fazê-los "as aves tecem, colam, sobrepõem, entrecruzam, empilham, escavam, enlaçam, enrolam, assentam, cosem e atapetam", valendo-se não apenas de folhas e ramos, como também de "musgo, erva, terra, excrementos, saliva, pelos, filamentos de teias de aranha, fibras de algodão, pedaços de lã, ramos espinhosos e se-

22 Montaigne, Michel de. *Apologia de Raymond Sebond: ensaios II.* Trad. Sérgio Milliet. São Paulo: Abril Cultural, 1980, p. 118.

mentes"[23], cuidadosamente separados e combinados. Já no que tange à comunicação, ele explica que uma ave canora dos pântanos europeus revela-se capaz de imitar setenta e oito outras espécies de aves, que a vocalização de certos animais apresenta distinções individuais ou regionais e que os gritos de um sagui podem obedecer a uma semântica bastante precisa. Há também o rico repertório de silvos dos golfinhos, que inclui alguns capazes de caracterizar o indivíduo que os produz, como se fosse uma espécie de "assinatura capaz de declinar a identidade do golfinho do grupo", ou as peculiaridades do canto das baleias, visto que elas empregam ritmos musicais e sequencias emocionais utilizando "frases cujo comprimento se aproxima das frases humanas" [24]

Giorgio Agamben, no ensaio "O fim do pensamento", faz descrição de uma paisagem cheia de "inauditas vozes animais" (silvos, trilos, chilros, assobios, cochichos, cicios etc.) e diz que, enquanto cada animal tem seu som, nascido imediatamente de si, nós (os humanos) — os únicos "sem voz no coro infinito das vozes animais" — "provamos do falar, do pensar"[25].

23 Lestel, Dominique. *As origens animais da cultura*. Trad. Maria João Reis. Lisboa: Instituto Piaget, 2002, p. 59.
24 Ibidem, p. 183.
25 Agamben, Giorgio. *O fim do pensamento*. Trad. Alberto Pucheu.

Colocando em contraponto voz e fala, *phoné* e *logos*, por considerar que "o pensamento é a pendência da voz na linguagem", ele lança uma frase quase-verso: "Em seu trilo, é claro: o grilo não pensa". Por vias oblíquas, o filósofo confirma com tal imagem a já referida assertiva heideggeriana de que o animal é desprovido de linguagem e, portanto, "pobre de mundo", situando-se fora do ser, em zona de não-conhecimento.[26]

Porém, diante dos estudos da etologia contemporâneos, quem garante que os animais estão impedidos de pensar, ainda que de forma muito diferente da nossa, e ter uma voz que se inscreve na linguagem? Estará, como indaga Lestel, nossa racionalidade suficientemente desenvolvida para explicar uma "racionalidade" que lhe é estranha, caso esta realmente exista?[27]

Terceira Margem: Revista da Pós-Graduação em Letras, Rio de Janeiro, anoIX, n. 11, Agamben, 2004, p. 156.

26 Esta posição se dá a ver, sobretudo, no livro *L'Aperto - l'uomo e l'animale*, de 2002.

27 Montaigne admitia a existência de um processo de raciocínio nos animais. Ele chega a mencionar o conhecimento que os atuns teriam de três ramos da matemática: a astronomia, a geometria e a aritmética. Nas palavras do filósofo, eles "revelam conhecer a geometria e a aritmética, porquanto se reúnem em cardumes da forma de um cubo quadrado por todos os lados, de sorte que formam um batalhão sólido de seis faces iguais; nadam nessa ordem de dimensões idênticas atrás e na frente, de modo que quem os encontra e conta uma fileira tem ideia precisa do todo, já que a largura do cardume é igual à profundidade e ao comprimento" (Montaigne, Apologia de Raymond Sebond, p. 222).

Emblemática, nesse contexto, é a célebre frase de Wittgenstein "se o leão pudesse falar, nós não o entenderíamos" — variação do dizer de Ovídio, segundo o qual "se o animal falasse, nada diria".[28] Isso porque, como o filósofo sugere, a lógica que nortearia essa fala seria radicalmente outra e, certamente, nos despertaria para o conhecimento imediato de nossa própria ignorância. Disso se pode depreender que a linguagem não é suficiente para responder à questão da diferença entre humano e não-humano. Ao contrário, ela deixa a questão em aberto.

Vale, nesse contexto, evocar um divertido poema de Jacques Roubaud, no qual o autor de *Les animaux de tout le monde* parece brincar com a frase de Wittgenstein ao dar voz a um porco falante:

> Quando falo, disse o porco,
>
> eu gosto é de dizer porqarias:
>
> graxa goela gripe grunhido
>
> paspalho paxá luxação
>
> resmungo munheca migalho camelo
>
> chuchu brejo chiqueiro[29]

28 Apud Wolfe, Cary. *In the shadow of Wittgenstein's lion: language, ethics, and the question of the animal. Animal rites.* Chicago: Chicago Press, 2003. p. 44-94.
29 Roubaud, Jacques. *Os animais de todo mundo.* Trad. Paula Glenadel e Marcos Siscar. São Paulo: Cosacnaify, 2006. No original: "Pour

No poema, organizado parataticamente com palavras sem aparente conexão umas com as outras, mas plenas de sonoridade e humor, Roubaud esvazia a fala de seu porco da sintaxe que se espera de um dizer inteligível. No jogo da linguagem, o porco encena uma lógica que, embora estando a serviço de vocábulos identificáveis (na verdade, "palavras porcas", contaminadas pela carga semântica que o senso comum atribuiu à existência suína), não se confina inteiramente nos limites do entendimento imediato e previsível. Vê-se que o saber que o porco tem sobre si mesmo se manifesta através de um "eu" desajeitado dentro de uma língua que não lhe pertence. O desafio que essa brincadeira representa para o leitor se repete em outros momentos do livro e se radicaliza nas últimas páginas, através do poema "O asno", cuja autoria é atribuída ao próprio animal. É um soneto feito totalmente de zurros, em que o asno fala no registro onomatopeico que imaginamos ser o dele:

i

on

on

parler, dit le cochon,/ ce que j'aime c'est les mots porqs:/ glaviot grumeau gueule grommelle/ chafouin pacha épluchure/ mâchon moche miches chameau/ empoté chouxgras polisson"

i

i

on

on

i

oon

oon

ii

ooon

ii

ooooooonnn[30]

Roubaud ri e nos faz rir, assim, do nosso próprio não-saber sobre a linguagem dos bichos. Ao admitir que eles são capazes de falar a partir de um registro particular, que desafia nossa razão, o poeta não descarta, inclusive, que dessa linguagem possa advir um poema. Ao contrário de "Um boi vê homens", de Drummond, o poema encena uma voz animal sem palavras, mas que também não passa de um exercício de criatividade do poeta que o cria.

Assim, no esforço de sondar — pelos poderes da

imaginação — a subjetividade desse "completamente outro" que é o animal e estabelecer com ela relação de cumplicidade ou devir, cada um dos poetas mencionados constrói seu bestiário particular. Sejam as feras enjauladas nos zoológicos do mundo, sejam bichos domésticos, espécies em extinção, animais que nos alimentam ou fomentam as experiências acadêmicas nos campos de biologia e genética, todos — ao entrarem na esfera do poético — acabam por nos ensinar muito mais do que os escritores sabem sobre eles.

POÉTICAS DO ANIMAL

Um animal (qualquer)
Se alça a pata espessa sobre o mundo
Atormenta.
(Luíza Neto Jorge)

OS PARADOXOS DO OUTRO

Os animais, sob o olhar humano, são signos vivos daquilo que sempre escapa à nossa compreensão. Radicalmente outros, mas também nossos semelhantes, distantes e próximos de nós, fascinam-nos ao mesmo tempo em que nos assombram e desafiam nossa razão. Temidos, subjugados, amados, marginalizados, admirados, confinados, comidos, torturados, classificados, humanizados, eles não se deixam, paradoxalmente, ser capturados na sua alteridade radical. Como diz John Berger, "quanto mais julgamos saber sobre eles", "mais distantes eles ficam".[1] Mas essa es-

1 Berger, John. *Por que olhar os animais? Sobre o olhar.* Trad. Lya Luft. Barcelona, Gustavo Gili, 2003. p. 22.

tranheza, por outro lado, provoca o lado animal que trazemos dentro de nós, lá onde não conseguimos definir com precisão.

Mas o que é o humano e o que é o animal? Se a ciência e a filosofia ocidentais se arrogaram a responder tais perguntas a partir de critérios forjados em nome da racionalidade e a serviço do que Giorgio Agamben chamou de "máquina antropológica do humanismo",[2] outras vias de acesso a possíveis respostas podem ser identificadas nos vários campos do saber e do imaginário humanos. No que tange à literatura, por exemplo, pode-se afirmar que as tentativas de sondagem da outridade animal nunca deixaram de instigar a imaginação e a escrita de poetas e escritores de diferentes épocas e procedências, seja pelos artifícios da representação e da metáfora, seja pela evocação conscienciosa desses outros, seja pela investigação das complexas relações entre humano e não humano, entre humanidade e animalidade. Tal esforço indica

2 Agamben desenvolve o conceito de "máquina antropológica" no livro *L'Aperto - l'uomo e l'animale*, de 2002. Segundo ele, "na medida em que nela está em jogo a produção do humano mediante a oposição homem/animal, humano/inumano, a máquina funciona necessariamente mediante uma exclusão (que é também e sempre já uma captura) e uma exclusão (que é também e sempre já uma exclusão)". Tradução minha da edição em inglês. Cf. Agamben, Giorgio. The open: man and animal. Trad. Kevin Attell. Stanford: Stanford University Press, 2004. p. 37

tanto uma necessidade de apreender algo deles quanto um desejo de recuperar nossa própria animalidade perdida ou recalcada, contra a qual foi sendo construído, ao longo dos séculos, um conceito de humano e de humanidade. Afinal, foi precisamente através da negação da animalidade que se forjou uma definição de humano, não obstante a espécie humana seja fundamentalmente animal.

Cabe lembrar que a cisão entre homem e animal, humanidade e animalidade, teve seu ponto crucial na era moderna, mais especificamente a partir do século XVIII, com o triunfo do pensamento cartesiano. Visto como máquina, um mero corpo automatizado e sem alma, o animal passou então a ser esquadrinhado a partir de critérios taxonômicos bem definidos, como os de Lineu, sob o influxo das ciências de observação e experimentação que precederam o surgimento dos zoológicos na Europa. O que não significa que, nos séculos anteriores, não tenha havido uma recusa da animalidade. Basta uma menção, por exemplo, à demonização por que esta passou sob o peso do cristianismo ao longo da Idade Média, quando a parte animal que constitui a existência humana foi instituída como o lugar de todos os perigos. Ou seja, deslocada para fora do humano, ela foi confinada aos territórios do mal, da violência, da luxúria e da loucura, sob a designação de bestialidade. Para os adeptos dessa demonização, a parte animal, uma vez manifesta, despojaria o homem de sua humanidade, conduzindo-o ao grau zero de sua própria natureza. Como explica Michel Foucault ao tratar dessa dimensão negativa da animalidade na cultura ocidental e, mais especificamente, no contexto medieval (quando "o relacionamento entre o ser o humano e a animalidade foi o relacionamento imaginário do homem com os poderes subterrâneos do mal"),[3] ela representava para o homem "o abafado perigo de uma animalidade em vigília, que, de repente, desenlaça a razão na violência e a verdade no furor do insano".[4] E mesmo em períodos de repressão bem posteriores, como na era vitoriana, a associação da parte animal do humano aos poderes do mal foi explícita, o que se refletiu na própria produção simbólica do tempo, através da proliferação de seres híbridos e das metamorfoses diabólicas na literatura e nas artes.

Aliás, Foucault chega mesmo a apontar uma certa resistência, em pleno século XX, à aceitação positiva

---

3 A proliferação de seres teratológicos, híbridos, nesse período revela esse assombro causado pelas manifestações da animalidade no humano. O próprio conceito de bestiário, gênero instituído na época medieval, é oriundo da noção de besta, da qual derivou a de bestialidade.

4 Foucault, Michel. *História da loucura*. Trad. José Teixeira Coelho Neto. São Paulo: Perspectiva, 2005. p. 153.

do animal, afirmando que, embora a relação entre humano e animal tenha adquirido no nosso tempo uma positividade natural, a aceitação do animal como um ser que "participa da plenitude da natureza, de sua sabedoria e de sua ordem [...] talvez não tenha ainda penetrado de modo profundo nos espaços subterrâneos da imaginação".[5]

Um olhar sobre o horizonte cultural das últimas décadas do século XX e da primeira do século XXI, entretanto, permite-nos dizer que tal afirmação já não parece proceder inteiramente, uma vez que as narrativas voltadas para as relações entre o humano e o não humano passam a ser reconfiguradas a partir de outros enfoques, advindos de uma nova relação dos escritores e artistas não apenas com os animais, mas também com as conjunções/disjunções entre humanidade e animalidade. Hoje, já não há como lidar com tais fronteiras senão pela via do paradoxo: ao mesmo tempo em que são e devem ser mantidas – graças às inegáveis diferenças que distinguem os animais humanos dos não humanos –, é impossível que sejam mantidas, visto que os humanos precisam se reconhecer animais para se tornar humanos.

5 Ibidem., p. 154.

As tentativas literárias de recuperar o elo intrínseco entre o ser humano e o não humano afirmam-se,
portanto, em nosso tempo, como formas criativas de
acesso ao outro lado da fronteira que nos separa do
animal e da animalidade. São formas um tanto variadas, obviamente, que vão do esforço figurativo (mais
comum à narrativa) ao gesto de apreensão, pela linguagem, de uma possível subjetividade animal, tarefa
atribuída, sobretudo, à poesia.

No que se refere especialmente à esfera poética
como o espaço privilegiado para a apreensão da chamada animalidade, vale lembrar as considerações de
Georges Bataille sobre a questão, no livro *Teoria da
religião*. Nele, o autor sugere que, se a poesia nos leva
ao não sabido, ela pode nos levar também, pela via
da mentira (ou falácia) poética, ao mundo incógnito
da animalidade.[6] Mas a mentira, nesse caso, concebida não como uma mera afirmação contrária ao que
se chama de verdade para induzir ao erro, mas como
uma espécie de conhecimento, um saber alternativo
(e plausível) sobre o que escapa à representação, à
apropriação figurativa. Isso porque, se a poesia propicia uma inscrição possível da animalidade no corpo
da escrita, ela também viabiliza um encontro, ainda

---

6 Bataille, Georges. *Teoria da religião*. Trad. Sérgio Goes de Paula e
Viviane de Lamare. São Paulo: Ática, 1993. p. 19-49.

que fictício, entre o humano e sua própria outridade animal. Nas palavras de Bataille:

> O animal abre diante de mim uma profundidade que me atrai e me é familiar. Essa profundidade, em certo sentido, a conheço: é a minha. É também o que me está mais longinquamente escamoteado, o que merece esse nome de profundidade que quer dizer com precisão *o que me escapa*. Mas assim é também a poesia.[7]

Nesse caso, o que é supostamente comunicado no encontro com o animal e a animalidade através do fingimento poético (no sentido dado à expressão por Fernando Pessoa) seria, assim, um conhecimento que se aloja na ordem dos sentidos (ou das sensações) e que desafia a nossa capacidade de circunscrevê-lo em categorias do pensamento.

DERRIDA, OS ANIMAIS E A POESIA

Derrida dedicou-se, em alguns textos, à sondagem da poesia como o espaço por excelência para se abor-

7 Ibidem, p. 26.

dar o animal, ou animais (no plural, como ele preferia) [8]. No ensaio "O animal que logo sou (a seguir)", ele chega a formular uma proposição: "Pois o pensamento do animal, se pensamento houver, cabe à poesia, eis aí uma tese, e é disso que a filosofia, por essência, teve de se privar. É a diferença entre um saber filosófico e um pensamento poético".[9]

Vale lembrar que o autor parte de um dado particular para trabalhar esses dois saberes: a experiência de ter-se surpreendido nu diante do olhar de seu gato. Segundo ele, essa consciência de se ver observado por um "olhar animal" deu-lhe a ver o limite abissal do humano, os confins do homem, levando-o "à passagem das fronteiras entre o homem e o animal" até chegar ao "animal em si, ao animal em mim e ao animal na falta de si-mesmo". Ainda nas palavras do filósofo:

8 Derrida questiona o uso, nos discursos filosóficos, da palavra "animal" no singular genérico, por acreditar que o confinamento de todos os viventes, fora o homem, num conceito único e homogeneizante, é tanto uma falta contra os rigores do pensamento quanto um crime contra os animais. Daí sua proposta de substituir a palavra "animal" pelo neologismo (uma palavra-valise) "animot", como forma de fazer ouvir, no singular da palavra animal, o plural "animais" e mostrar como a linguagem afeta o nosso acesso à complexidade do mundo não humano. Cf. Derrida, Jacques. *O animal que logo sou*. Trad. Fábio Landa. São Paulo: Editora Unesp, 2002, p.64.
9 Ibidem, p. 22.

Que me dá a ver esse olhar sem fundo? Que me "diz" ele que manifesta em suma a verdade nua de todo olhar, quando essa verdade *me dá a ver* nos olhos do outro, nos olhos *vendo* e não apenas vistos pelo outro? Penso aqui nesses olhos que veem ou nesses olhos de vidente cuja cor seria ao mesmo tempo *ver e esquecer.*[10]

Ao priorizar a troca de *olhares* no ato de apreensão da alteridade animal, Derrida não apenas defende uma aproximação corporal, sensível, entre a espécie humana e as demais, como também confere a cada animal (aqui no singular particular) o estatuto do que chamamos de sujeito.

Interessante observar como esse tema do olhar animal tem instigado vários poetas contemporâneos, incluindo os de língua portuguesa. Herberto Helder, por exemplo, em um dos poemas do livro *A última ciência*, fala da perturbadora experiência de olhar uma serpente nos olhos: "sentes como a inocência/ é insondável e o terror é um arrepio/ lírico." E, ao final, diz: "Sabes tudo."[11]

---

10 Ibidem, p. 30.
11 Helder, Herberto. *Ou o poema contínuo*. São Paulo: A Girafa, 2006. p. 432.

Este último verso, em consonância com a proposição de Derrida sobre a poesia, não deixa de suscitar algumas indagações: Que saber é esse? Que tudo é esse? É realmente possível saber tudo sobre esse "outro mais outro que qualquer outro"?

O que o poema de Helder nos sugere é que o saber advindo da troca de olhares com a serpente não pode ser reduzido a conceitos e tampouco nos leva ao conhecimento da intimidade da serpente. Isso porque esse saber se manifesta numa zona de indeterminação e dura apenas enquanto dura o arrepio. E o "tudo" desse saber também se inscreve numa outra ordem que, longe de apontar para a ideia de totalidade, concentra-se no que de fato conta ou importa em tal experiência: a constatação da outridade radical (e insondável) da serpente e, paradoxalmente, o reconhecimento da animalidade que com ela se pode compartilhar através da poesia. Como diria Elisabeth Costello – personagem-dublê do escritor sul-africano John Coetzee –, os poetas nos ensinam mais do que sabem, graças "ao processo chamado de invenção poética, que mistura sensação e alento de uma forma que ninguém jamais explicou, nem explicará".[12] E é dessa maneira que eles podem trazer à vida,

12 Coetzee, J. M. *A vida dos animais*. Trad. José Rubens Siqueira. São

por vias transversas, o corpo vivo do animal dentro de nós mesmos, propiciando um trespassamento de fronteiras, que abre o humano a formas híbridas de existência.

Tudo isso vem corroborar a proposição de Derrida quanto à potencialidade da poesia em se tornar tanto um espaço de aproximação possível com a outridade animal quanto um *tópos* de travessia para o que chamamos de animalidade, essa instância nebulosa que resiste à apreensão pela linguagem verbal.

É o que evidencia também Astrid Cabral em um de seus poemas do livro *Jaula*, de 2006, ao evocar uma cena, similar à de Helder, sobre o ato de encarar os olhos de uma serpente. No caso da poeta brasileira, o encontro com o réptil se dá num jardim. Em vez de terror, o que ela registra é um sobressalto, mesclado ao asco e à sensação de estranheza:

> Olhei-a frente a frente:
> sua cabeça
> erguida em talo
> eu entalada
> o colo em sobressalto.
> Sensação de asco

Paulo: Cia. das Letras, 2002. p. 63.

me percorrendo

inteira

tamanha a estranheza

de cores e contornos

postos em confronto.[13]

Irrompe desse encontro súbito da mulher com a serpente a revelação de um segredo que as une e que "dá cabo do medo": o veneno e a inaptidão para o voo. "Ambas inquilinas do mesmo solo. Ambas coincidentes no tempo", diz a autora. E nesse reconhecimento da afinidade, a mulher toca a serpente fraternalmente, sem nojo, e se confunde com ela, numa espécie de devir-animal.[14]

A passagem da mulher que toca a serpente, sem medo, no poema de Astrid Cabral poderia, inclusive, nos remeter obliquamente à cena da barata (sem dúvi-

13 Cabral, Astrid. Antologia pessoal. Brasília: Thesaurus, 2008. p. 110.
14 Reporto-me ao que Deleuze e Guattari chamaram de "devir-animal", um conceito que designa não uma relação mimética, mas um movimento entre o homem e o animal, em que aquele trespassa o limiar de sua humanidade, numa "composição de velocidades e de afetos entre indivíduos inteiramente diferentes". DELEUZE, Gilles; GUATTARI, Félix. *Devir-intenso, devir-animal, devir-imperceptível. Mil platôs: capitalismo e esquizofrenia.* Trad. Suely Rolnik. Rio de Janeiro: Ed. 34, 1995. v. 4, p. 44.

da, bem mais ousada e radical) do romance mais poético de Clarice Lispector, *A paixão segundo G.H.*, em que a mulher enfrenta a outridade, digamos, monstruosa de uma barata, levando esse enfrentamento a um processo de interação visceral com o inseto. O primeiro contato entre as duas ocorre também através do olhar: a mulher vê a barata, fecha os olhos de pavor, abre-os e se perturba pelo olhar do inseto: "Viva e olhando para mim. Desviei rapidamente os olhos, em repulsa violenta."[15] A atração, contudo, leva a mulher a suportar a repugnância e, finalmente, observar diretamente a barata, identificando-lhe os traços e a compacidade do corpo. O que se sucede é a seguinte constatação: "o que eu via era a vida me olhando". E nesse cruzamento de olhos, a mulher experimenta a travessia dos limites de sua própria humanidade, rumo à vida em estado de nudez:

> Era isso – era isso então. É que eu olhara a barata viva e nela descobria a identidade de minha vida mais profunda. Em derrocada difícil, abriam-se dentro de mim passagens duras e estreitas.[16]

15 Lispector, Clarice. *A paixão segundo G.H.* Rio de Janeiro: Nova Fronteira, 1979. p. 50.
16 Ibidem., p. 53.

A experiência da personagem, radicalizada no gesto final de comer a barata, inscreve-se, assim, na ordem da abjeção e do fascínio ao mesmo tempo, embora não esteja associada propriamente a uma transformação literal da mulher na barata, como ocorre com Gregor Samsa em *A metamorfose*, de Kafka. Em *A paixão segundo G.H.*, tudo se passa no interior da narradora/personagem. Ela entra em crise com sua própria humanidade, reconhece que desejar o inumano dentro da pessoa não é perigoso e encontra no ato de comer a barata a revelação da vida. Nesse processo, o horror se transforma em claridade, e a metamorfose, como diz a própria narradora/personagem do romance, é dela nela mesma.

Tanto no caso de Clarice quanto no de Astrid – não obstante a referência simbólica desta autora ao mito bíblico da serpente –, o encontro/identificação com o animal aponta para um movimento que não é necessariamente o da imitação, o da alegoria ou o da transformação física do humano em animal não humano, mas um trespassamento íntimo de fronteiras, que abre o humano para formas híbridas de existência.

Vale trazer, nesse contexto, outro escrito derridiano voltado para a poesia. Trata-se de um breve artigo intitulado "Che cós'è la poesia?", de 1988, no qual o filósofo elege como eixo da discussão uma imagem animal: a do ouriço que se enovela sobre si mesmo ao ser lançado, solitário, numa rodovia, como uma bola de espinhos.[17] Exposto aos acidentes da estrada, ele se protege, enrolando-se, ao mesmo tempo em que se abre como perigo para quem ousa tocá-lo. E essa condição paradoxal do animal de, simultaneamente, fechar-se sobre si e se expor ao mundo é, segundo o filósofo, o estado do próprio poema. "Não há poema sem acidente, não há poema que não se abra como uma ferida e também abra uma ferida", afirma ele.[18] O ouriço jogado na estrada incita-nos, como o poema, à experiência do "pegar e largar", do toque que se retrai ao contato do espinho, mas que resta no corpo como incisão, ferida ou segredo. E para que se possa definir esse pequeno animal, ou poema, exposto à sorte, faz-se necessário, de acordo com Derrida, que nos permitamos "desamparar a memória, desarmar a cultura, esquecer o saber, incendiar a biblioteca das poéticas",[19] ou seja, entrar no registro da poesia. Uma experiência que passa, assim, pelo desejo de aprender *par coeur*, pelo coração. Mas o coração, nesse caso, não se confunde com "o coração arquivado em eletrocardiogramas, objeto de saberes e técnicas." Em suas palavras:

17 Derrida, Jacques. *Che cos'è la poesia?* Lisboa: Cotovia, 2003.
18 Ibidem., p. 5.
19 Ibidem., p. 5.

Assim desperta em ti o sonho de *aprender de
cor*. De deixares que o coração te seja atravessado pelo ditado. De uma só vez, e isso é o impossível, isso é a experiência poemática. Não
conhecias ainda o coração, assim o aprendes.
Por esta experiência e por esta expressão.
Chamo poema àquilo que ensina o coração,
que inventa o coração, enfim *aquilo que* a palavra coração parece querer dizer e que na minha língua mal distingo da palavra coração.[20]

Por outro lado, podemos retomar Bataille e dizer
que se a poesia conduz ao mundo espinhoso da animalidade, "essa coisa que, ao mesmo tempo, se expõe
e se retrai", então a escrita de tal coisa só pode se manifestar enquanto ficção, fingimento poético. Do que
se conclui que pensar, imaginar e escrever o animal só
pode ser compreendido como uma experiência que
se aloja nos limites da linguagem, lá onde a aproximação entre os mundos humano e não humano se torna
viável, apesar de eles não compartilharem um registro
comum de signos. Há que se *pensar com delicadeza/
imaginar com ferocidade*, diria de novo Herberto Helder.[21] E ainda que falhe tal experiência de traduzir esse

20 Ibidem., p. 8.
21 Helder, Herberto. *Ou o poema contínuo.*, p. 110.

"outro mais outro que qualquer outro", que está fora e dentro de nós mesmos, a poesia deixa sempre um resto, um rastro de saber sobre ele.

Já que não é possível traduzir inteiramente em palavras um lobo em sua singularidade animal, cabe aos poetas escrevê-lo "*à pas de loup*", uma vez que, como mostrou Derrida, em *La bête et le souverain*, essa expressão traz no vocábulo "*pas*" tanto o substantivo "passo" quanto o advérbio "não" (este indicando uma ausência, a ausência do lobo onde seu passo furtivo se inscreve). Em outras palavras, o que está implícito nesse sintagma, pela "intrusão clandestina" do advérbio, é que o lobo não está lá.[22]

Quando a poeta Astrid Cabral tenta falar de um pássaro e escreve "conheço-lhe o passarês/ sem jamais decifrar-lhe a voz",[23] ela admite que os atos de

22 Com a expressão "a passo de lobo" (à pas de loup), Derrida inicia o seu seminário La bête et le souverain, que reúne as sessões de seu último seminário, ministrado entre 2001 e 2003, em Paris. Nele, o filósofo analisa, a partir da figura zoopolítica do lobo, as complexas relações entre homem e animal (bem como seus desdobramentos ético-políticos) no contexto do Estado, da polis, do corpo social, das leis e das filosofias humanistas do Ocidente. Partindo do "animal político" de Aristóteles, passando pela lei do mais forte na fábula "O lobo e o cordeiro", de La Fontaine, pelo homo homini lupus de Hobbes e Lacan, o loup-garou de Rousseau, o homem dos lobos de Freud, até tangenciar a matilha sublime de lobos do devir-animal de Deleuze e Guattari, com propósitos desconstrucionistas. Cf. Derrida, Jacques. *La bête et la souverain –vol.I*. Paris: Galilée, 2008.
23 Cabral, Astrid. *Antologia pessoal,* p. 110.

falar e pensar não dão conta desse dizer desprovido de palavras. Mas, mesmo assim, insiste em escrevê-lo. Já Nuno Ramos reduz essa escrita a um "Ó" sonoro e redondo, uma microfonia que cresce

> nos bichos, nas colmeias, no pelo dos ursos, na lã das mariposas e das taturanas, no chiado do leão sem dentes que segue de longe a própria matilha sem ouvir o ó crescente das hienas que comem, comem neste momento o seu próprio cadáver, um ó aos ratos, à astúcia entocada, ao espinho na pata.[24]

Esse gesto de poetizar o animal, contudo, não está isento – no pensamento derridiano – de um compromisso ético do poeta com esse outro. Se o poema é o *tópos* privilegiado para escrever o animal, lugar onde a linguagem se inscreve menos como fala do que como voz, cabe ao poeta uma responsabilidade, um compromisso: não reduzir o animal (nem o poema) a mero construto, a uma coisa a ser manipulada para atender a propósitos exclusivamente estéticos ou a boas intenções ecológicas. Os poetas mais instigantes, nesse sentido, seriam aqueles que conseguem

24 Ramos, Nuno. *Ó*. São Paulo: Iluminuras, 2008. p. 60.

pensar e poetizar os animais – para isso explorando as potencialidades da linguagem verbal – sem colonizá-los nem colocá-los a serviço da soberania humana.[25]

O ANIMAL COMO SUJEITO

Outra questão que se coloca nesse contexto é o esforço de vários poetas em apreender, pela palavra articulada, o "eu" dos animais não humanos, entrar na pele deles, imaginar o que eles diriam se tivessem o domínio da linguagem humana, encarnar uma subjetividade possível (ainda que inventada) desses outros, conjeturar sobre seus saberes acerca do mundo e da humanidade.[26] Tal é o caso, por exemplo, de Carlos Drummond de Andrade que, no poema "Um boi vê os homens", encena a voz de um "eu-bovino" que rumina seu próprio conhecimento sobre a vida e a espécie humana, pondo em xeque a capacidade dos homens em entender outros mundos que não o amparado

25 Sobre essa questão, ver o excelente estudo de Randy Malamud intitulado: Poetic animal and animal soul. Malamud, Randy. *Poetic animal and animal soul*. New York: Palgrave Macmillan, 2003.
26 Uma abordagem mais detalhada sobre isso pode ser verificada em: MACIEL, Maria Esther. *O animal escrito: um olhar sobre a zoo-literatura contemporânea*. São Paulo: Lumme, 2008.

pela consciência.[27] Um recurso também adotado por Eucanaã Ferraz no poema "Fado do boi", espécie de recriação interrogativa do poema drummondiano, onde lemos:

[...]

Que nos pergunta o boi
desde o silêncio e sobre este

seu estrume, flor extrema?
Que nos pergunta em sua

Ronda infinita desde
O dorso de um vaso

Sua pergunta redonda desde
O afresco em ruínas desabando
[...][28]

Mais adiante, o poeta lança uma possível resposta:

27   Poema incluído no livro *Claro enigma*. Cf. Andrade, Carlos Drummond de. Poesia e prosa. Rio de Janeiro: Nova Aguilar, 1979, p. 266.
28 Ferraz, Eucanaã. *Cinemateca*. São Paulo: Companhia das Letras, 2008. p.119.

> [...] Interroga
> sobre nós talvez, como se dele fôramos
> o seu mistério, seu tempo, seu espaço,
>
> cerne hostil de sua compreensão
> do mundo e de si mesmo.[29]

Os versos que encerram o poema são incisivos e irônicos: "O boi não nos decifra./ Nós devoramos o boi." Desta forma, as margens do humano e do não humano se confundem e provocam novas (e silenciosas) indagações: onde termina uma margem e começa a outra? Na "fome bestial" do homem? No sinal de interrogação do boi?

Essa interação entre o sujeito poético e outras criaturas animais se dá a ver ainda na parte IV do longo poema "Poemacto", de Herberto Helder,[30] no qual vacas dormem em "campos abandonados pelo silêncio", diante de um "eu" que tenta converter a cena em paisagem de palavras. Munido e consciente dos poderes da linguagem verbal, esse sujeito expõe sua própria capacidade de "meter um nome na intimidade de uma coisa/ e recomeçar o talento de existir".[31] Perce-

29 Ibidem., p. 11.
30 Helder, Herberto. *Ou o poema contínuo*, p. 116-119.
31 Ibidem., p. 117.

be-se, no seu dizer, o desejo de se reinventar a partir da nomeação do mundo, da natureza, como se a palavra pudesse efetivamente eliminar a distância que o separa da enigmática intimidade da vaca e o conduzir à experiência da outridade. Se "tudo dorme nas vacas", esse "eu" busca mergulhar "no que é o obscuro/ de uma vaca dormindo", mesmo sabendo que esse gesto de invadir com a palavra o território reservado ao outro, de desentranhar o sono do animal que dorme, não deixa de ser uma forma de violência, decorrente de uma "inteligência cruel". Do que o poeta conclui: "Criar é delicado./ Criar é uma grande brutalidade".[32]

Tais tentativas poéticas de encarnar uma suposta subjetividade animal não deixam, contudo, de reconduzir à questão do sujeito e da subjetividade. Até que ponto se pode falar propriamente de uma subjetividade animal? O que vem a ser subjetividade? É uma instância reservada apenas àqueles que se enquadram nas categorias de eu, ego, personalidade, razão, consciência, desejo, vontade e intencionalidade?

Derrida, numa entrevista concedida a Jean-Luc Nancy, justificou por que raramente usava os termos "sujeito" e "subjetividade", preferindo falar de "um efeito de subjetividade": "Porque o discurso sobre o

32 Ibidem, p. 119.

sujeito continua vinculando a subjetividade ao humano", ele afirma.[33] Sob esse prisma, a questão do "Quem" emerge para o filósofo como extremamente problemática, tanto em termos linguísticos quanto ético-políticos, por ser uma categoria restrita "à gramática do que chamamos gramática ocidental e limitada pelo que acreditamos ser a própria humanidade da linguagem".[34] Além de estar determinada por uma concepção genérica de "humano" e excluir todos os viventes não humanos. Daí ele concluir que o conceito de sujeito construído historicamente se configura como uma rede de exclusões, uma vez que não apenas os animais são impedidos do acesso ao "quem", como também vários grupos de seres humanos considerados não sujeitos, renegados à condição de outros de nossa cultura e potencialmente não merecedores de consideração legal e moral. Esse "quem" é, inclusive, quem decide a vida ou a morte dos não sujeitos, quem os submete ao sacrifício.

Tal discussão se apresenta especialmente profícua na segunda parte da palestra "O animal que logo sou", dedicada a Lacan e não incluída na edição bra-

<hr>

33 Derrida, Jacques. *Eating well, or the Calculation of the Subject. Points...Interviews, 1974-1994.* Edited by Elisabeth Weber. Stanford: Stanford University Press,1995, p.268.
34 Ibidem., p. 277.

sileira. Intitulado "Et si l'animal repondait?", o texto se concentra na análise da oposição entre "reação" e "resposta", usada cartesianamente pelo psicanalista francês para marcar o limite entre o "humano" e o "animal", ambos no singular genérico.[35] O animal não responde, afirma Lacan, não tem inconsciente, não acede ao simbólico (por estar confinado no imaginário), não apaga seus próprios traços e, portanto, não pode ser alçado ao *status* de sujeito. A reação (ou resposta) de Derrida a tal proposição de Lacan é intensa e extensa. Mas longe de querer persuadir seus leitores quanto a possíveis habilidades linguísticas dos animais, o filósofo está mais interessado em mostrar que a falta de linguagem humana entre os bichos não é de fato uma falta, uma privação. Tampouco o fato de, supostamente, eles não terem a capacidade de apagar os próprios rastros pode ser considerado um critério convincente para sua exclusão da esfera da subjetividade. Ninguém, seja homem ou não, tem o poder de, radicalmente, apagar seus próprios rastros ou traços, argumenta Derrida. Um rastro não é algo que se possa apagar ou cobrir.

---

35 Essa discussão em torno de Lacan encontra-se também em La bête et le souverain. O texto original foi publicado em Mallet, Marie-Louise e Michaud, Ginette (dir.). *Cahier de L'Herne.*Derrida. Paris, Éditions de L'Herne, n. 83, 2004, p. 117-129.

Acrescente-se a isso o fato de que ninguém pode garantir que um boi, uma serpente, uma águia ou um gato não tenham uma visão de mundo, um olhar único, que a cada um deles pertence. Ninguém pode saber ao certo se eles estão, realmente, impedidos de pensar; ou se pensam, ainda que de uma forma muito diferente da nossa. Ninguém pode assegurar que eles não tenham uma voz que se inscreve num tipo ignorado de linguagem, numa espécie de "*logos*" particular. E aqui vale lembrar Montaigne que, ainda no século XVI, chamou a atenção para a complexidade da vida animal, ao mostrar que os bichos, dotados de variadas faculdades, "fazem coisas que ultrapassam de muito aquilo de que somos capazes, coisas que não conseguimos imitar e que nossa imaginação não nos permite sequer conceber".[36] Mesmo que tais dizeres de Montaigne já encontrem amparo científico nas recentes descobertas da etologia contemporânea, a poesia continua existindo, entre outras coisas, para que possamos imaginar, com os olhos e o coração, esses possíveis. Não obstante a subjetividade animal engendrada pela linguagem poética esteja, como foi dito, na ordem da invenção, o animal que esta faz ad-

36 Montaigne, Michel de. *Apologia de Raymond Sebond: ensaios II.* Trad. Sérgio Milliet. São Paulo: Abril Cultural, 1980. p. 118.

vir através de sons, imagens, movimento e silêncio pode ser dado a ver, para além da condição neutra do pronome *it*, como um ele, um ela, um eu. Levando-nos também ao reconhecimento da animalidade que nos habita.

PaiSaGeNS ZOOLiTeRáRiaS

ANIMAIS NA LITERATURA MODERNA BRASILEIRA

Podemos pensar como o homem e como os bois. Mas é melhor não pensar como o homem...
(Guimarães Rosa, em "Conversa de bois)

INTERAÇÕES, TRÂNSITOS E TROCAS

O conto (ou reportagem poética) "Entremeio com o vaqueiro Mariano" – incluído postumamente no livro *Estas estórias,* de 1969 – resulta de uma viagem feita por João Guimarães Rosa ao Pantanal do Mato Grosso do Sul, em 1952. É um texto singular, no qual o escritor mineiro relata, poeticamente, o encontro e a longa conversa "à luz do lampião" que teve com José Mariano da Silva, "um vaqueiro que reunia em si, em qualidade e cor, quase tudo o que a literatura empresta esparso aos vaqueiros principais".[1] Como explica o próprio Rosa no início do relato, o propósito da conversa com Mariano foi "aprender mais sobre a alma dos bois" a partir dos fatos, cenas e casos contados pelo experiente vaqueiro.

O que se depreende da fala de Mariano é, de fato, um grande conjunto de saberes não apenas sobre a vida bovina em geral, como também sobre cada um dos animais que integram a boiada. Saberes que advêm da convivência diária do homem com os bichos e da interação afetiva e efetiva com eles. Mariano sabe os nomes de cada vaca, cada boi. Descreve os caprichos e talentos de cada um, como se estivesse falando de amigos ou parentes, e sua própria humanidade se molda por essa convivência diária com os animais. Não à toa, ele chega a dizer, a certo ponto, que "aqui o gado é que cria a gente..." Isso, porque para ele, os animais são seres com nome próprio, hábitos, percalços, dificuldades e experiências emocionais diversas. A boiada, assim, parece fazer parte de uma grande comunidade, na qual humanos e não humanos convivem em relação de amizade, cumplicidade, conflitos, trocas afetivas e até manifestações de ódio,

1 Rosa, Guimarães. *Estas estórias*. 3ª. Edição. Rio de Janeiro: Nova Fronteira, 1985, p. 69.

já que segundo Mariano, "tem boi que pode tomar ódio de uma pessoa...".[2] E, nesse sentido, é uma comunidade que poderia se configurar como a que o filósofo e etólogo francês Dominique Lestel chamou de "comunidade hibrida", ou seja, uma associação de homens e animais fundada "em interesses recíprocos e trocas mútuas" entre as diferentes espécies.[3]

Tal conceito, desenvolvido originalmente no livro *L'animalité*[4], tem como referência principal as sociedades mistas e interespecíficas formadas ao longo dos séculos, sobretudo no mundo rural e selvagem, em tempos anteriores ao triunfo da ruptura cartesiana entre homem e animal, humanidade e animalidade. Sociedades que, se ainda resistem escassa e esparsamente no mundo pós-industrial, nunca deixaram de estar presentes na tradição literária. Como afirma Lestel, a literatura e as tradições narrativas

> estão repletas de exemplos de "relações privilegiadas" entre homens e animais,

2 Ibidem, p. 70.

3 Lestel, Dominique. "A animalidade, o humano e as "comunidades híbridas. Trad. Jacques Fux. In Maciel, Maria Esther (org.) *Pensar/ escrever o animal.* Florianópolis: EdUFSC, 2011, p.36-39).

4 Lestel, Dominique. *L'animalité.* Paris: L'Herne, 2007.

que se revestem por vezes de intensidades surpreendentes. Uma certa amizade ou fortes relações afetivas podem ser desenvolvidos entre humanos e bichos? As ficções populares respondem afirmativamente e multiplicam os exemplos."[5]

Guimarães Rosa é, sem dúvida, um autor que explora intensamente essas associações interespecíficas. No conto "Entremeio com o vaqueiro Mariano", a maneira poética como as falas do vaqueiro são apresentadas e articuladas deixa explícito o fascínio do autor pelo mundo das interações entre homens e animais. Percebe-se que é um texto elaborado por quem tem um profundo respeito não apenas pelos boiadeiros, como também pelos viventes não humanos que compartilham com os homens sua presença no mundo. Isso, porque a Guimarães Rosa não interessava apenas escrever *sobre* os animais, convertê-los em simples construtos literários, mas também procurou abordá-los como sujeitos dotados de sensibilidade, inteligência e conhecimentos sobre o mundo. Seu olhar sobre a outridade animal, como

5 Lestel, Dominique. "A animalidade, o humano e as "comunidades híbridas, p. 44.

atestam inúmeras outras narrativas de sua autoria, está atravessado por um compromisso ético e afetivo com esses viventes. E é nesse sentido que ele pode ser considerado o maior animalista da literatura brasileira do século XX.

Tal afirmação justifica-se pela quantidade de personagens animais e inúmeras referências à fauna, na obra rosiana.[6] Desde seu primeiro livro de contos, *Sagarana* (1946), Guimarães Rosa nunca deixou de conferir aos animais uma especial atenção, tomando-os quase sempre como sujeitos ativos, fora do amansamento antropomórfico e moralizador que constitui grande parte da zooliteratura ocidental. Além disso, os embates, as interações, o corpo-a-corpo dos homens com o mundo animal são bastante frequentes em suas narrativas, como também são os apontamentos do escritor sobre os aquários e os bichos enjaulados nos zoológicos do mundo, a exemplo das instigantes séries "Aquário" e "Zoo"[7], do

6 Vale lembrar que as listas zoológicas abundam em sua obra – em especial no Grande sertão: veredas –, indo de centenas de nomes de bois e vacas a dezenas de espécies espalhadas pelo sertão mineiro ou confinadas nos zoológicos do mundo. O conto "Entremeio com o vaqueiro Mariano" serviu como referência para algumas passagens do romance.
7 Um estudo sobre essas séries zoológicas de Ave palavra pode ser lido no livro: Maciel, Maria Esther. *O animal escrito*. São Paulo: Lumme, 2008.

livro póstumo *Ave Palavra*, em que se lê esta frase que que parece justificar toda a série zoológica de Rosa e, por extensão, toda a sua obra: "Amar os animais é aprendizado de humanidade".[8] (Rosa, *Ave palavra*)

No que tange especificamente à série dos zoológicos, Rosa escreveu seis textos, cada um dedicado a um zoológico visitado por ele: o Whipsnade Park, de Londres; o zôo da Quinta da Boa Vista, no Rio de Janeiro; o Hagenbeks-Tierpark, de Hamburgo-Stellingen (que aparece também no quinto texto); o Jardin des Plantes, de Paris, e o Parc Zoologique du Bois de Vincennes. Compostos de fragmentos, esses escritos se oferecem também como notas de viagem e exercícios de afeto de quem gosta de animais e se interessa por eles. Cada extrato afigura-se como um *topos* alternativo, porque poético, para um grupo ou um animal específico, numa ordenação que poderia ser (ou não) a da instituição visitada. Percebe-se, no conjunto, um misto de admiração, assombro, curiosidade, ludismo, ternura, compaixão e cumplicidade do narrador em relação às dezenas e dezenas de espécies que descreve, atento às particularidades de comportamento de cada um dos bichos retratados.

8 Rosa, Guimarães. *Ave palavra*. Rio de Janeiro: José Olympio, 1978, p. 94.

Vale lembrar, por fim, a exploração que Rosa realiza dos traços de animalidade do humano, como no conto "Meu tio o Iauaretê", de *Estas estórias* (1961), que narra a estória de um onceiro que, de tanto conviver com as onças, acaba por se identificar com elas, assumindo suas características (unhas, cheiro, braveza etc.) e transformando-se, após esse processo de identificação, num matador de homens. Ou seja, o Iauaretê se torna um homem-onça (o hífen, neste caso, é imprescindível, pois o homem continua homem mesmo tendo incorporado características de onça) através do contágio. Só que a metamorfose, nesse caso, inscreve-se sobretudo na linguagem do personagem, visto que ela se zoomorfiza através da desarticulação das palavras e do uso de onomatopeias estranhas, alheias ao léxico humano:

> Ói a onça! Ui, ui, mecê é bom, faz isso comigo
> não, me mata não... Eu – Cacuncozo... Faz isso
> não, faz não... Nhenhenhém... Heee!... Hé...
> Aar-rrâ... Aaâh... Cê me arrhoôu... Remuaci...
> Rêiucàanacê... Araaã...Uhm... Ui... Ui... Uh...
> uh... êeêê... êê... ê...[9]

9 Rosa, Guimarães. *Estas estórias*, p. 159.

Pode-se dizer que, no conto, o trânsito do personagem entre os mundos humano e não humano aproxima-se, resguardadas as peculiaridades próprias do escritor mineiro, daquilo que Deleuze e Guattari designaram de "devir-animal" [10], por não implicar, como nas metamorfoses convencionais, uma mudança física do sujeito, mas um trespassamento de fronteiras, que leva o homem para além da subjetividade humana, abrindo-o para formas híbridas de existência. Como afirmam os filósofos, tal processo "não consiste em se fazer de animal ou imitá-lo", uma vez que o homem não se transforma 'realmente' em animal: "O devir-animal do homem é real, sem que seja real o animal que ele se torna; e, simultaneamente, o devir-outro do animal ´real sem que esse outro seja real".[11] O onceiro de Rosa, nesse sentido, torna-se onça sem virar, explicitamente, uma onça. Em outras palavras, permanece humano, mas em estado híbrido de onça.

Muitas outras formas de lidar com o universo

10 Este conceito de Deleuze & Guattari é formulado nos livros: Kafka: por uma literatura menor e Mil platôs (vols. 1 e 4), para designar um processo de identificação com o animal, que não está na ordem da imitação, mas do contágio.
11 Gilles e Guattari, Félix. Devir-intenso, devir-animal, devir-imperceptível. (Trad. Suely Rolnik). *Mil platôs; capitalismo e esquizofrenia.* Rio de Janeiro: Ed. 34, 1995. V. 4 , p. 18.

animal aparecem na obra rosiana. Inventariá-las seria, aqui, uma tarefa difícil, pois como já afirmou Graciliano Ramos, "fervilham bichos" na obra de Rosa, bichos "exibidos com peladuras, esparavões e os necessários movimentos de orelhas e rabos". E ainda acrescenta: "Talvez o hábito de examinar essas criaturas haja aconselhado o meu amigo a trabalhar com lentidão bovina."[12]

Assim, diante desse repertório de variadas abordagens das relações entre homens e animais na obra de Guimarães Rosa, não há como negar seu lugar privilegiado no âmbito da zooliteratura brasileira do século XX.

INCURSÕES MODERNAS NA ZOOLITERATURA

Como Rosa, vários outros autores brasileiros modernos voltaram-se para um enfoque mais matizado e consciencioso dos animais, fora dos domínios estritos da fábula e da descrição alegórica, a exemplo de Graciliano Ramos, Clarice Lispector e João Alphonsus, entre outros. Mas o precursor nesse campo foi, sem dúvida Machado de Assis que, na

12 Ramos, Graciliano. *Linhas tortas*. Rio de Janeiro: Record, 2005, p. 249.

segunda metade do século XIX, dedicou memoráveis contos, crônicas e passagens de romances à situação dos animais no mundo dominado pelo triunfo do racionalismo moderno.[13] Vale lembrar, inclusive, que ele foi um dos primeiros escritores nacionais a fazer a apologia do vegetarianismo, numa crônica sobre a greve dos açougueiros acontecida na cidade do Rio de Janeiro em 1893, e a abordar criticamente a crueldade das práticas de vivissecção comuns nos laboratórios científicos do tempo (exemplares, neste caso, o "Conto alexandrino" e "A causa secreta"). Posicionou-se ainda contra a exploração da força animal no trabalho e as touradas – "Não sou homem de touradas; e se é preciso dizer tudo, detesto-as", ele diz –, além de manifestar sua simpatia pelas sociedades protetoras de animais.[14]

Outro aspecto interessante de Machado de Assis nessa área foi sua visão irônica sobre as filosofias humanistas amparadas na noção de racionalidade, a

---

13 Ver as crônicas machadianas de 15/08/1876, 15/03/1877, 13/02/1888, 16/10/1892 e 05/03/1893 em Assis, Machado de. *Obra completa – vol. III (Crônicas)*. Rio de Janeiro: Nova Aguilar, 1994, p. 323-775.

14 Nas palavras do escritor: "Eu sou sócio (sentimentalmente falando) de todas as sociedades protetoras dos animais. O primeiro homem que se lembrou de criar uma sociedade protetora dos animais lavrou um grande tento em favor da humanidade" (15/03/1877)

exemplo da teoria do "humanitismo" (versão paródica do humanismo) forjada por ele nos romances *Memórias póstumas de Brás Cubas* e *Quincas Borba*, e potencializada, neste último, através do jogo entre as noções de humanidade, animalidade e loucura. Isso, para não mencionar o uso crítico que fez das fábulas, ao dar voz e palavras aos animais em alguns textos, como o conto "Ideias de canário", no qual mostra ser a ave bem mais sábia do que o ornitologista que a estuda; ou a crônica "Conversa de burros", em que relata uma interessante e filosófica conversa entre dois desses animais sobre a possibilidade de ficarem livres da exploração humana por causa da expansão do uso da tração elétrica nos bondes do Rio de Janeiro. A diferença com relação à fabula tradicional, neste caso, é que os animais não são antropomorfizados e nem estão a serviço da edificação humana, mas aparecem como animais-animais que expressam o que o autor imagina que eles falariam se pudessem fazer uso da linguagem verbal. Em geral, as falas têm um propósito crítico em relação à humanidade, aos usos cruéis da razão e à impotência desta diante de outros saberes que não os racionais.

Particularmente em "Ideias de canário", Machado de Assis confronta as concepções de mundo da ave e de um cientista, evidenciando a incapacidade deste de entender e explicar a sabedoria do canário.[15] Ao atribuir ao pássaro um conhecimento próprio sobre as coisas, o autor não apenas zomba da presunção científica e das limitações humanas no que diz respeito ao entendimento do mundo e da natureza, como também ironiza, por antecipação, o que Heidegger afirmaria muitos anos depois através da famosa assertiva de que "a pedra é sem mundo, o animal é pobre de mundo e o homem é formador de mundo".[16]

Machado de Assis abre, dessa forma, os caminhos para que se delineie, no século XX, toda uma linhagem de escritores atentos à complexidade das relações entre homens e animais, como foi visto a propósito de Guimarães Rosa. Autores como Graciliano Ramos, Clarice Lispector e João Alphonsus são, como já foi dito, alguns nomes medulares. Todos eles criaram animais-personagens de grande densidade e autonomia enquanto sujeitos sensíveis e complexos, num viés diferente do que marcou a obra machadiana. Optaram por inserir em suas obras, para além da ironia e da crítica filosóficas, explícitas

15 Assis, Machado de. *Ideias de canário*. Obra completa – vol. II . Rio de Janeiro: Nova Aguilar,1985, p. 611-614. , p.243.
16 Heidegger, Martin. *Os Conceitos Fundamentais da Metafísica*. Rio deJaneiro: Ed. Forense, 2003, p. 243.

demonstrações de cumplicidade e afetividade com esses outros viventes, buscando extrair, da relação com eles, saberes alternativos sobre o mundo e a humanidade.

Exemplar, quanto a isso, é a cachorra Baleia de *Vidas secas* (1938), que os críticos em geral teimam em caracterizar como um animal humanizado, por considerarem que as qualidades emocionais, comportamentais e cognitivas por ela apresentadas na novela são atributos exclusivos dos humanos e impróprias quando usadas para descrever um animal não-humano. O que confirma a assertiva de Dominique Lestel de que "sentimos uma grande dificuldade em aceitar a ideia de que o comportamento animal pode ser extremamente complexo".[17]

Baleia é ativa, solidária, sensível, hábil e generosa, exercendo um papel central dentro da família de retirantes nordestinos afligidos pela seca e, por extensão, dentro da própria narrativa. Família, aliás, que poderia constituir uma pequena "comunidade híbrida", tal como a entendeu Lestel, apesar do número reduzido de entes que a constitui: o pai, a mãe, dois meninos, o papagaio e a cachorrinha vira-

---

17 Lestel, Dominique. *As origens animais da cultura*. Trad. Maria João Reis. Lisboa: Instituto Piaget, 2002, p.54.

lata. Como diz o narrador, a respeito de Baleia e os dois meninos: "Ela era como uma pessoa da família: brincavam juntos os três, para bem dizer não se diferenciavam..."[18]

Torna-se difícil, portanto, discriminar os limites entre o humano e o animal entre eles, uma vez que a humanidade de um se confunde com a animalidade do outro, independentemente da espécie a que pertencem. E é nesse sentido que não se pode afirmar categoricamente uma antropomorfização de Baleia. Uma coisa é o escritor vestir o animal com roupas, dar-lhe hábitos, profissões e valores de gente, como nas fábulas e nos desenhos animados; outra é conferir-lhe capacidade de sofrer, solidarizar-se, ter emoções, demonstrar medo, lutar pela própria vida e exercitar sua inteligência, como é o caso de Baleia.

Mesmo que a personagem de Graciliano Ramos seja uma construção literária, um animal escrito, vê-se que o autor não apenas se vale do conhecimento que tem sobre os cães, como leva o seu próprio poder de compreensão para além dos limites do que sabe. Ademais, trata os mundos humano e não-humano como mundos feitos de porosidade, que quando em contato próximo, se contaminam reciprocamente,

18 Ramos, Graciliano. *Vidas secas*. Rio de Janeiro: Record, 1978, p.90.

como se pode ver na relação entre homens e bichos apresentada na novela. Mas por não se colocar como um mero observador desses mundos, nem ter pretensões naturalistas ao criar sua personagem canina, Graciliano, que é um escritor capaz de extrair da linguagem poético-narrativa imagens e sensações vivas, oferece-nos bem mais do que um retrato: ele nos leva também a habitar o corpo e os sentidos de seus personagens. Ele evidencia, sobretudo no caso de Baleia, aquilo que Coetzee mostra ao dizer que os poetas são capazes de nos fazer "encarnar em animais, pelo processo chamado de invenção poética, que mistura alento e sentido de uma forma que ninguém jamais explicou, nem explicará".[19] Baleia aparece no romance como sujeito, não pelo fato de ser humanizada, mas por ter habilidades e faculdades emocionais e cognitivas que não se restringem aos humanos. Ela é um ser que tem um olhar, um ponto de vista diante do mundo. E, como afirma Eduardo Viveiros de Castro, "todo ser que se atribui um ponto de vista será então um sujeito".[20]

19 Coetzee afirma isso através de sua personagem Elizabeth Costello, na passagem em que esta fala sobre o poema "O jaguar" de Ted Hughes. Coetzee, J.M. *A vida dos animais.* Trad. José Rubens Siqueira. São Paulo: Cia. Das Letras, 2002, p.63.
20 Viveiros de Castro, Eduardo. *A inconstância da alma selvagem.* São Paulo: Cosac & Naify, 2002, p. 173.

Interessante que Montaigne, ainda no século XVI, já defendia a ideia do animal como sujeito e chamava a atenção para a complexidade dos bichos, mostrando que eles, providos de muitas faculdades, "fazem coisas que ultrapassam de muito aquilo de que somos capazes, coisas que não conseguimos imitar e que nossa imaginação não nos permite sequer conceber"[21]. Afirmação esta que só agora tem tido respaldo científico, graças às recentes surpreendentes descobertas da etologia e da neurociência sobre as habilidades animais.[22]

Cabe, por extensão, também levantar aqui o problema da escrita, do ato de escrever o animal, convertê-lo em ser literário. Até que ponto, ao se valer da linguagem verbal para trazer à tona uma subjetividade estranha, que não se constitui ela

21 Montaigne, Michel de. *Apologia de Raymond Sebond*. Ensaios, II. Trad. Sérgio Milliet. São Paulo: Abril Cultural, 1980, p. 118.
22 Vale lembrar que, em julho de 2012, treze neurocientistas renomados se reuniram em Cambridge para formalizar uma declaração histórica, na qual admitem que os humanos não são os únicos seres do planeta a ter consciência, sentimentos, atos intencionais e inteligência. "Todos os mamíferos, todos os pássaros e muitas outras criaturas, como o polvo, possuem as estruturas nervosas que produzem a consciência", afirma o cientista canadense Philip Low, que elaborou o comunicado. Ver: http://www.all-creatures.org/articles/ar-conscious.pdf .(último acesso em 13/10/2012)

mesma pela palavra, o escritor cumpre efetivamente seu intento de desvendar a outridade animal? Por outro lado, mesmo que entre os animais e os humanos predomine a ausência de uma linguagem comum, ausência esta que instaura uma distância mútua e uma radical diferença entre os dois mundos, o ato de escrever o animal não seria, paradoxalmente, também uma forma de o escritor minar essa diferença, promovendo a aproximação desses mundos e colocando-os em relação de afinidade? Falar sobre um animal ou assumir sua persona seria, neste caso, também um exercício de espelhamento, que permite identificar em nós mesmos nossa animalidade intrínseca.

Esse exercício da animalidade do humano é recorrente na obra de Clarice Lispector. Isso se vê, claramente, no conto "O búfalo", que narra a história de uma mulher que entra no jardim zoológico "para adoecer". Ela vai lá para achar, através do contato direto com o olhar das feras, um possível "ponto de ódio" que lhe permita lidar com uma decepção amorosa, mas acaba por encontrar no olhar de um búfalo a violência do amor. Através da animalidade do búfalo, ela se humaniza, como se vê na descrição que se segue:

E os olhos do búfalo, os olhos olharam seus olhos. E uma palidez tão funda foi trocada que a mulher se entorpeceu dormente. De pé, em sono profundo. Olhos pequenos e vermelhos a olhavam. Os olhos do búfalo. A mulher tonteou surpreendida, lentamente meneava a cabeça. O búfalo calmo. Lentamente a mulher meneava a cabeça, espantada com o ódio com que o búfalo, tranquilo de ódio, a olhava.[23]

O olhar do búfalo leva, dessa forma, a mulher ao limite abissal do humano, como se a desvelasse, colocando-a em situação de perda e vertigem. Mas, poderíamos perguntar: o que o búfalo sabe sobre essa mulher, a ponto de ela "escorregar enfeitiçada ao longo das grades"? De que saber sobre os humanos os animais são capazes?

Não há uma resposta satisfatória. Do que sabem os animais sobre os humanos ninguém sabe, mas tudo se imagina. E toda tentativa de se revelar esse saber está condenada ao fracasso. O que, entretanto, não impede que os escritores continuem conjeturando sobre esse possível saber.

23 Lispector, Clarice. *Laços de família*. Rio de Janeiro: Nova Fronteira, 1983, p. 157.

Outra narrativa que encena a manifestação da animalidade no humano a partir do enfrentamento/ identificação da pessoa com um determinado animal é o conto "Sardanapalo" (1941), de João Alphonsus, que traz a história de um poeta que, atormentado pelos ratos, tenta provocar o lado selvagem de seu gato que fora domesticado para ser um mero animal literário. Mas diante da surpreendente mudança do felino que, de repente, resolve torturar e matar um rato com requintes de crueldade, o homem se contagia do prazer com que o animal suplicia sua presa e descobre, surpreso, sua própria animalidade através da revelação da animalidade do animal. Embora haja no conto um traço de malignidade associado à ideia de animalidade (o lado animal é visto como violento e selvagem), percebe-se um interessante jogo de identidades nos personagens, visto que não fica claro se a crueldade demonstrada pelo gato seria dele mesmo (uma suposta manifestação de sua animalidade recalcada) ou se adquirida, por contágio, do próprio dono, o que torna instáveis e misturadas as fronteiras entre um e outro.

Vale acrescentar que João Alphonsus é um dos mais interessantes escritores mineiros da primeira metade do século XX, tendo escrito contos antológicos sobre animais, entre eles, "A galinha cega", "Mansinho" e "A pesca da baleia". Em todos, os bichos são personagens dotados de complexidade e desafiam a compreensão humana, como o gato de "Sardanapalo". O que levou Mário de Andrade a afirmar que o escritor amava os bichos, mas não com "esse amor que faz atribuir aos bichos psicologias humanas por demais".[24] João Alphonsus conseguia, segundo o escritor paulista, ver nos animais uma parte maior deles mesmos sem, para isso, ter que humanizá-los. E isso o torna, sem dúvida, um dos representantes por excelência da zooliteratura brasileira do século XX.

Como os demais escritores mencionados – Guimarães Rosa, Graciliano Ramos e Clarice Lispector – João Alphonsus não se propõe a escrever sobre os animais para deles extrair metáforas ou alegorias da vida humana. Seu interesse se dirige especificamente a esses outros, compreendidos como seres dignos de atenção e respeito.

Assim, tendo em vista o conjunto de todos esses autores, vê-se que a eles não interessa, propriamente, achar uma ideia no animal, escrever *sobre* ele e representá-lo literariamente, mas entrar na esfera da intimidade desse outro e tentar extrair, pelos recursos

24 Andrade apud Alphonsus, *Contos e novelas*, contracapa Alphonsus, João. Contos e novelas. Rio de Janeiro: Imago, 1976.

da invenção poética e ficcional, aquilo que o constitui e desafia nosso poder de entendimento. São textos que trazem, como diria J.M. Coetzee, o registro de um compromisso do escritor com os viventes não humanos.

É nesse sentido que esses escritores abrem um campo fértil para os escritores do final do século XX e início do século XXI, que agora têm a tarefa de repensar a questão dos animais sob o peso de uma realidade marcada por grandes catástrofes ambientais, extinção de inúmeras espécies, experiências biotecnológicas, crescimento acelerado das granjas e fazendas industriais, e à luz das reflexões contemporâneas sobre a questão dos animais em diversos campos do conhecimento.

caderNOS ULTRamares